LETTRE

A S. M. L'EMPEREUR NAPOLÉON III.

RÉFLEXIONS SUR L'ALGÉRIE

par H. Coupry

Professeur de Langue Arabe.

ALGER

Imprimerie Duclaux, rue du commerce, 7.

1860

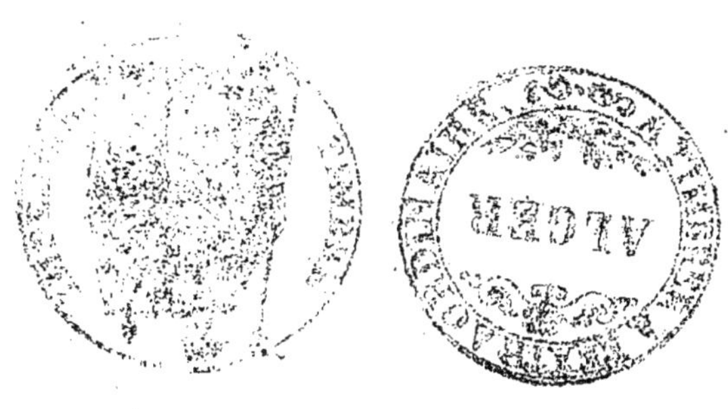

SIRE,

I.

Dans un siècle de progrès comme le nôtre, on sent mieux le prix du travail de chacun, quelque infime qu'il soit, car si un grand nombre d'idées se ressemblent et ne concourent qu'à l'entretien de ce qui existe, il s'en présente toujours infailliblement quelques unes qui vont plus loin et donnent à l'humanité ces nouvelles souches vigoureuses sans lesquelles elle risquerait d'atteindre vite à la décrépitude. Un homme nouveau, comme Votre Majesté, qui doit essentiellement à l'énergie de sa nature le rang éminent qu'il occupe, est cer-

tainement plus disposé que personne à tenir compte de ce
que chacun peut avoir à dire dans sa sphère, car s'il arrive
souvent qu'une bonne opinion puérile de soi-même ne donne
lieu qu'à du bavardage prétentieux, il arrive aussi que des
instincts droits et fermes mettent quelquefois le doigt d'une
manière inattendue sur des vérités dont on s'étonne ensuite
de ne pas s'être douté. Il a fallu toute la confiance que m'ins-
pire le caractère de Votre Majesté pour lui dédier les ob-
servations qui vont suivre. Il est vrai que je suis dans les
conditions où un homme qui possède bien sa matière a le
droit de parler ; que, complètement dégagé de préjugés,
d'affections ou d'antipathies préconçues, je puis élever assez
légitimement la prétention d'exprimer ma façon de penser
sur un milieu que j'ai eu le temps d'examiner sous beaucoup
de faces ; mais, d'un autre côté, d'autres qui vivent depuis
longtemps dans le pays, pensent différemment ; leur position,
en outre et selon une expression aussi peu rationnelle que
fréquente, est plus digne de confiance : la première impression
peut donc ne pas m'être favorable.

Cependant, comme en définitive et malgré tout le poids
qui pèse dans l'un des deux plateaux, la question du bien-
être de l'Algérie n'a pas encore été résolue, que plusieurs
questions organiques sont encore pendantes, il semble assez
naturel de supposer que la route suivie jusqu'à présent n'est pas
précisément la bonne, et que quelques données essentielles
ont manqué à ce qu'on a pris l'habitude assez singulière
d'appeler *le problème de la colonisation* en Algérie, comme
si une colonisation ne consistait pas tout bonnement dans
un certain groupe de faits déduits les uns des autres sans
la moindre élucubration.

II.

Si la première condition d'un raisonnément sain est de ne jamais passer à une idée nouvelle sans que celles dont elle résulte soient solidement établies, on peut dire qu'il en est de même des faits : ceux-ci constituent la logique des sociétés, de sorte qu'avec un peu d'attention il devient toujours aisé de reconnaître jusqu'à quel degré elles ont fait fausse route. Il suffit pour cela de remonter au point initial d'une série d'opérations et de voir si les premières étaient bien dans le prolongement de leur raison d'être. Je commencerai donc par demander pourquoi nous sommes venus en Afrique. Quelque professeur de palingénésie sociale ou d'économie politique moitié de ce monde et moitié de l'autre, me répondra : pour civiliser de malheureux peuples déchus ! Je répondrai : mille pardons ! mais en 1830, et même assez longtemps après, personne n'y pensait ; ce n'est que plus tard qu'il est passé en habitude littéraire de l'écrire, parce que c'est pompeux et que la phrase s'en trouve bien. En 1830 il ne fut question que d'aller venger une insulte et de détruire un nid de corsaires. Une fois le nid pris, il ne convenait pas de le quitter trop brusquement : on s'y installa. L'idée de s'y établir à demeure n'était peut-être pas encore venue, mais quand on eut un peu réfléchi on comprit aisément que l'occasion était trop belle pour la laisser échapper. Ainsi le premier point à déterminer dans l'ordre des faits de la conquête, c'est que nous n'avons consulté que notre convenance.

A la suite d'une vérité aussi banale, il restait à chercher avec le sens droit et terre à terre du premier paysan venu, le moyen le plus sûr de se fixer et de faire prospérer l'entreprise. Le premier coup-d'œil jeté autour de soi, tombait nécessairement sur un sol possédé encore tout entier par le peuple assailli, complètement différent de nous par toutes ses habitudes morales et physiques, et dont la religion, mortellement hostile à la nôtre, devait faire selon toutes les probabilités, un ennemi irréconciliable. Les premières conditions d'un succès, en tout, consistent dans la meilleure appréciation possible du milieu où l'on opère. Qu'était ce nouveau milieu où nous nous placions, et quelles espèces de ressources nous offrait-il ? Était-ce l'industrie, le commerce ou l'agriculture qui devait prévaloir, ou bien y avait-il place pour tous les trois ? La réponse était facile, et il n'y avait guère que des savants, voyant partout des Grecs et des Romains, et des officiers ayant leur chemin à faire qui pussent y trouver plus de cliquetis que n'en comporte la vie d'un Jacques-Bonhomme ou d'un John-Bull.

On apercevait de prime abord que l'industrie et le commerce avaient peu de chances de fleurir en Afrique, puisque sa population n'a rien ou presque rien à nous acheter. Le petit commerce et les petites industries que les Musulmans exercent entre eux, suffisent pour les vêtir des pieds à la tête, et satisfont à leurs besoins excessivement bornés. S'il devait y avoir une circulation monétaire normale dans le pays, c'était donc uniquement entre les Musulmans. Tout pays doit avoir la sienne pour exister, et quand il n'a pas l'espoir de l'obtenir, comme Venise et Gênes, au moyen-âge, par une supériorité de connaissances sur les autres peuples, il faut nécessairement qu'il se rattache à un va et vient intérieur, sans quoi la faim finit bientôt par le saisir et par le tuer. Alger n'avait qu'un seul moyen de vivre ; c'était de suivre les vieux et imprescriptibles errements d'une population livrée à elle-même et destinée à pivoter sur un point quelconque du globe. Une ville, dans des conditions d'existence particulièrement agricoles, implique des campagnes, et si, par suite d'un fait exceptionnel comme celui de la présence d'une foule d'employés civils et militaires que la France entretient ici, elle parvient à se soutenir sans ces campagnes, c'est en se condamnant à limiter son développement à sa consommation officielle ; mais aussitôt qu'un petit entraînement se fait au-delà, la voilà tout d'un coup qui bat des flancs, jaunit et semble près d'expirer.

Puisqu'il fallait des campagnes à Alger, il était tout naturel de les concevoir sur le plan de toutes les campagnes du monde. A toutes les époques, et à plus forte raison quand on a eu besoin de se mettre en garde contre les agressions, l'établissement des hameaux, puis des villages, a toujours eu lieu aussi près que possible des villes, et on ne s'étendait qu'à mesure que tous les terrains disponibles avaient été occupés ; l'extension s'exécutait circulairement, parce qu'un raisonnement instinctif avertissait que la vitalité n'est pas dans la diffusion des forces, mais dans leur concentration.

Une situation aussi simple, aussi facile à déterminer par les notions ordinaires du bon sens, n'exigeait pas qu'on recourût à ce qu'on appelle un système, c'est-à-dire à ces combinaisons plus ou moins abstraites qu'un publiciste s'amuse à élucubrer dans son cabinet. Rien n'est plus étranger à un système que la marche des peuples, et toutes les fois que cette marche va de travers et n'aboutit à rien, on peut être certain que c'est parce qu'au lieu de conduire ils sont conduits, et qu'aux inspirations sûres de l'esprit public se sont substituées des vues particulières. En jetant un coup d'œil sur l'histoire on est surpris de remarquer avec quelle vigueur se sont développées des sociétés entièrement livrées à elles-mêmes, et n'ayant des chefs que pour régulariser leurs tendances. Les États-Unis sont surtout un exemple saisissant de la lucidité instinctive avec laquelle les masses sentent ce qui doit les faire prospérer. L'Angleterre, quoique une monarchie, ressemble beaucoup à la république d'Amérique par l'accord que l'on voit constamment tendre à s'établir entre l'esprit public et l'État ; c'est à cet accord qu'est due sa prospérité, vérité rendue encore plus sensible par le marasme où languissent tous les peuples dont le gouvernement n'accepte en général que ses propres inspirations.

Si les Anglais ou des Américains étaient venus s'établir à Alger, il est certain que les hommes placés à leur tête, plus identiques, par leurs habitudes, à leurs subordonnés, n'eussent imprimé à leurs actes qu'un caractère où chacun eût reconnu à peu près sa pensée : il y eut eu moins, par conséquent, de ces préoccupations administratives issues d'une éducation de bureau, et par lesquelles le fonctionnaire est trop entraîné à ne tenir compte que de son génie. Cependant, on ne peut assez le répéter, ce sont les autres, c'est tout le public d'un milieu quelconque, ancien ou nouveau, qui a le droit de revendiquer comme sa part exclusive, ce génie, ce sentiment général du vrai à l'égard de ce qui lui convient, non pas du vrai dans les détails de l'application, c'est l'affaire des administrations et il leur en laisse assez volontiers le soin, supposant que l'écart ne sera jamais bien sensible, mais du vrai dans les principes fondamentaux de l'ensemble.

Les Anglais et les Américains, moins enclins que nous aux fracas de la bureaucratie, ne considérant l'armée que comme un instrument destiné à faire réussir leurs entreprises, n'auraient pas évidemment procédé comme nous. Ils eussent moins éparpillé leurs troupes dans l'intérieur, et pris, par contre, beaucoup plus de précautions autour de leurs centres appuyés à la mer, puisque c'était de la sécurité complète de ces centres et de leur territoire que dépendait le premier mouvement de l'immigration.

On peut affirmer à priori, en partant du principe que toute cause a son ordre d'effets, que leur œuvre eût été différente de la nôtre. Eût-elle été meilleure ? Elle n'aurait pas du reste été pire, car l'unanimité des lamentations ne laisse aucun doute à cet égard ; on est même en droit de supposer qu'ils eussent mieux réussi, s'il est vrai qu'il y ait pour les actes une logique aussi impérieuse que pour les idées, et sans laquelle on ne parvient qu'à des non-sens. Quel rapport existe-t-il entre les habitudes de l'armée et les besoins infinis d'une colonisation, et comment concevoir qu'une direction militaire, la nôtre surtout, si raide et par cela même si apte à bien remplir ses fonctions ordinaires, puisse bien comprendre la vie d'un marchand ou d'un colon. Le général Bugeaud qui passait pour le plus bourgeois des généraux était si bien resté l'esclave de sa vieille nature des camps qu'il n'avait rien imaginé de mieux qu'une colonisation militaire. L'*Ensis*, dans sa pensée, devait nécessairement pendre à l'*Aratrum*. Ceux qui admirent de pareilles devises, oublient que l'on est avant tout de son époque, et que si l'idée de la charrue pouvait entraîner celle du sabre, c'était dans des temps qui ne valaient pas le nôtre. Plus une société est barbare et moins elle distingue entre les différents éléments qui la composent ; ce n'est qu'à mesure qu'elle avance, qu'elle sent la nécessité d'assigner une place à chacun.

III.

La direction de la colonie ayant été confiée dès le principe à l'armée, on pouvait prévoir que tous les ordres du jour s'en ressentiraient, et que le premier plan se trouverait dévolu aux états-majors des places. Le colon devenait par le fait une espèce d'appoint destiné à faire figure, comme on met un palmier ou un chameau dans le coin d'un tableau pour avertir qu'on a peint un site d'Afrique. Il n'était point banni certainement de l'esprit des généraux, mais ceux-ci ayant de bien plus grandes choses en vue pour la gloire de la France et la leur, devaient oublier souvent qu'il existait. En effet ils l'avaient si complètement oublié que les Arabes d'Abd-el-Kader purent tout saccager en quelques jours, depuis le petit Atlas jusqu'à Alger, quand la guerre sainte fut déclarée. On dira qu'ils ont été trompés ? sans aucun doute ; mais pourquoi l'ont-ils été ? Il est certain qu'une administration n'ayant que le terre à terre des instincts des colons, et convenablement identifiée avec eux, ne l'aurait pas été. Elle se serait même bien gardée de faire quelque traité de la Tafna avec des populations qui ne songeaient qu'à nous exterminer, et son plus grand soin eût été de mettre notre territoire à l'abri de toute surprise.

Sur quoi se fondait la confiance de nos généraux ? Leurs camps étaient bien gardés, il est vrai ; Alger était à l'abri d'un coup de main : mais les fermes dispersées dans la Mitidja et dans le Sahel ne l'étaient pas. La Mitidja était restée ouverte partout comme une plaine paisible de la Picardie. Une pareille incurie était impardonnable, et si quelque chose peut l'atténuer, c'est de supposer que nos généraux avaient de bonnes raisons de se croire chez eux. Mais enfin qu'étaient-elles ? Une communauté subite et miraculeuse de sentiments entre les Arabes et nous ? Sous ce rapport rien n'était changé, et à moins d'avoir une de ces berlues qui ne ressemblent pas mal aux maladies de Charenton, on ne devait pas même en présumer la possibilité dans des siècles. Cependant, quand on connait la faiblesse native de l'homme, quand on sait à quel point son petit amour-propre, sa petite admiration de lui-même le porte à croire aux protestations adressées à sa personne, on conçoit que certains généraux ont pu prendre pour un effet irrésistible et durable de leur puissance de fascination, les mille petits soins dont ils étaient l'objet de la part des Musulmans.

Après les massacres de 1840, les yeux furent-ils ouverts, et se mit-on à munir d'un système particulier de défense, non pas nos bases d'opérations militaires, mais nos bases d'opérations agricoles, c'est-à-dire les riches territoires de nos centres maritimes, de manière que toute surprise isolée contre la vie des colons fut rendue presque aussi impossible qu'une surprise générale ? On n'y pensa pas davantage. Les bases d'opérations militaires existaient, qu'importait le reste. Les campagnes dépourvues de sécurité restèrent plusieurs années désertes, et quand quelques familles, poussées par le besoin de vivre, s'y hasardèrent de nouveau, ce ne fut qu'en courant la chance d'être égorgées. Pendant que nos armes s'avancaient triomphantes dans l'intérieur, les habitants de Philippeville n'osaient pas parcourir la grande rue, à la tombée de la nuit, de peur de recevoir un coup de fusil parti de la montagne à laquelle la ville s'adosse, et ce n'était que bien armé, et en compagnie, qu'on se hazardait d'aller à quelques lieues tout au plus de Bône, d'Alger ou d'Oran.

Un fait encore plus incompréhensible et dont je défie la rouerie politique la plus subtile de donner le mot, c'est qu'après les massacres susdits, quand il semblait qu'on ne pouvait pas prendre trop de précautions pour se préserver des assassinats qui se renouvelaient à chaque instant, les Français étaient tenus de se pourvoir d'une carte de sûreté constatant leur identité toutes les fois qu'ils avaient à faire un trajet quelconque dans l'intérieur, tandis que les Arabes aux physionomies les plus patibulaires, ceux-là mêmes, peut-être, qui portaient encore sous leurs bournous graisseux quelques taches de sang de la veille, avaient le droit de circuler librement et sans papiers. D'où provenait un pareil renversement ? On ne peut pas dire cependant que c'était de l'aberration, puisque des hommes aussi intelligents que le général Bugeaud y donnaient leur approbation ; il faut admettre qu'ils avaient quelque point de vue à eux, et que ce point de vue, sublime peut-être, leur faisait dédaigner de mesquines considérations de prudence.

Depuis quelques temps l'armée ne dirige plus ; des Préfets

et un Ministre particulier ont remplacé le Gouverneur-Général, de sorte qu'on est en droit d'espérer que les plans de l'adminis - tration seront plus conformes au sentiment des administrés. Cependant la différence de vues entre les chefs et les colons a été si profonde pendant près de trente ans, les aspirations habituelles des uns et des autres étaient si essentiellement opposées, que la situation anormale qui en est issue avec toute l'énergie de l'empire du sabre, aura de la peine à rentrer dans les limites d'une politique bourgeoise.

Dès le principe, comme je l'ai dit, il y avait à fixer solidement ses idées sur la part à faire aux Indigènes dans notre établissement ; nous devions les considérer sous le double rapport de la haine qu'ils nous portent, et des avantages commerciaux de nos relations avec eux. Leur haine n'offrait pas l'ombre d'un doute ; quant aux rapports commerciaux, le moindre esprit d'observation pouvait nous convaincre facilement qu'ils ne feraient jamais tomber grand'chose dans notre escarcelle, et que la Mère-Patrie même, tant qu'elle ne fabriquerait pas de calicots au bas prix de l'Angleterre, ne trouverait guère à vendre aux Bédouins qu'une quantité insignifiante de chemises. Le rôle des Arabes dans notre développement devant donc être constamment plus nuisible qu'utile, il semblait conséquent de ne nous en occuper que pour les surveiller à distance. Au lieu de cela on a mis l'opiniâtreté la plus invincible à vouloir les mêler à nous , et à leur imposer les bienfaits d'une sollicitude paternelle dont l'effet le plus immédiat a été d'augmenter une soif de vengeance qu'ils ne dissimulent pas.

Qu'en pense la nouvelle administration ? Malheureusement, comme l'a dit Buffon, il n'y a pas de saut dans la nature ; une loi fatale veut que tout ce qui a commencé fasse son temps. Il faudrait refaire de fond en comble le raisonnement sur lequel tout s'est échafaudé jusqu'ici, non pas en substituant un système à un autre, mais en rentrant dans les vraies données de la question, et ce n'est pas, en général, ce que des hommes succédant à un pouvoir quelconque sont enclins à faire. Ils avouent qu'il y a des améliorations à effectuer, mais en même temps ils croient devoir respecter l'ensemble des traditions de l'autorité antérieure.

IV.

S'il est une vérité qu'un Français aimant la France sans arrière-pensée personnelle, ne peut assez faire retentir, une vérité désolante peut-être, mais dont le salut de la colonie exige qu'on soit bien convaincu, c'est que ces Arabes que nous organisons avec tant de soin ne nous aiment pas plus qu'en 1840 ; ils nous abhorent même davantage. Cela se conçoit aisément. Ils nous détestaient mortellement en 1840 parce que nous étions chrétiens et que nous avions envahi leur pays. Aujourd'hui ils savent de plus que nous nous proposons de les civiliser, c'est-à-dire de les mêler autant que possible à nous-mêmes en modifiant successivement leurs principaux usages. Nous sommes donc plus menaçants pour eux qu'auparavant, et si auparavant, quand rien ne les avertissait encore des dangers que courait leur individualité, ils mettaient tant d'empressement à nous couper le cou, n'est-il pas un peu badaud de penser aujourd'hui que leur cœur s'est rempli d'amour à notre endroit. Chaque mesure que nous prenons à leur égard et qui change la moindre de leurs habitudes, les froisse profondément ; ce sont autant de griefs dont ils ont l'espoir de nous demander compte un jour, et nous savons comment leurs comptes se règlent. Si par hasard nous l'avions oublié, leurs coreligionnaires de Damas prennent soin de nous le rappeler.

D'ailleurs, à part toute induction qui peut toujours être
combattue par une induction contraire avec une apparence
spécieuse, il suffit d'ouvrir les yeux et les oreilles pour se
convaincre de l'amour avec lequel ils se jettent dans nos bras.
Rien n'est éloquent comme les faits, et il n'y a pas de dé-
monstration, à quelque *hominem* qu'elle soit, qui vaille la
preuve de St-Thomas. Or, jamais, depuis la prise d'Alger, les
Arabes n'ont mis autant d'unanimité à nous maudire et si
peu de soin à déguiser leur pensée. Le Gouvernement le sait-
il? C'est douteux : car, alors, on ne comprendrait pas l'acharnement avec lequel il veut les faire jouir de son amour et
posséder le leur. Il est vrai qu'on a vu quelquefois des amants
dédaignés lutter héroïquement contre la froideur et le mépris de l'objet aimé, mais ce ne sont pas en général de vieux
barbons comme l'État, plus habitués aux émotions positives
du budget qu'à des emportements platoniques de jeune homme :
et si le Gouvernement ne le sait pas, s'il croit que ses mille petits soins sont près enfin d'être payés d'un tendre retour, que
penser de la manière dont il est instruit? Aucun de ceux
qui ont mission de le renseigner ne sait donc ce qui se dit sans
déguisement et à notre barbe ; les imprécations dont nous
sommes l'objet à chaque instant, et auxquelles j'ai souvent
entendu ajouter les leurs, quoique avec un peu moins d'a-
bandon, ces tirailleurs que nous dressons pour devenir plus
tard les réguliers d'un second Abd-el-Kader? C'est impossible ;
ils doivent le savoir, et alors j'aime mieux supposer qu'en passant de main en main pour arriver à destination, une foule de
détails glissent entre les doigts, ce qui confirmerait le vieux et
judicieux proverbe qu'on ne peut pas échapper à sa destinée.
La destinée des gouvernements de la France, paraît être de
porter les Arabes dans leur cœur malgré eux. Ils en ont le droit
certainement, car chacun place ses affections comme il l'entend, et puis l'on sait du reste qu'il en est des affections comme
des couleurs et des goûts. Cependant, d'un autre côté, il est

admis aussi que tout droit entraîne un devoir correspondant, et que si chacun est autorisé à placer ses jouissances où il lui plait, c'est à la condition qu'il n'en résultera aucun dol pour autrui. Dans l'espèce, cependant, le dol n'est que trop aisé à concevoir.

Votre Majesté a dit, dernièrement, que depuis trente ans l'Algérie nous prend le plus pur de notre or et de notre sang. Cependant l'Algérie est dans une misère profonde. Où est donc allé cet or? quant au sang, je n'en parle pas ; on sait qui l'a répandu et le répand encore. Mais notre or, cet or dont une centaine de millions arrive de France tous les ans, où va-t-il ? Voilà ce qu'on ne s'est pas assez demandé, quoique notre existence en dépendît.

On a cherché partout, excepté où elles se trouvent, où il était si facile de les apercevoir, les causes de la détresse publiblique ; on a accusé les autorités de ne pas construire assez de routes, de ne pas aider assez aux communications avec l'intérieur, voire même avec le Soudan ; on s'en est pris aux droits protecteurs, en alléguant que les entraves du commerce sont la première cause du marasme des peuples. D'autres, de grands hommes humanitaires accoutumés à voir les choses de haut, ont prétendu que le tohu-bohu de la fusion n'était pas assez démocratisé, et que nous ne pouvions être sauvés que par une vice-royauté qui ferait de l'Algérie un jeune et vigoureux État homogène, un État de deux millions et demi d'habitants. Ce dernier conseil était le plus drôlatique, et quoique donné par des gens posés en novateurs, il prouvait, avec l'ensemble de la situation, que dans les vérifications du syllogisme de la colonisation, personne ne s'était décidé à remonter aux prémisses, afin de s'assurer si elles étaient suffisamment d'accord avec les choses. Puis enfin, deux nouvelles idées ont lui successivement à l'horizon : la construction du Boulevard de l'Impératrice et la création du chemin de fer. Ici le peuple a battu des mains ; administrateurs et administrés se sont embrassés comme dans ces grands moments où le sentiment du salut public rapproche les distances. Les ouvriers ont dit : au moins nous aurons du travail ; les commerçants : il circulera de l'argent ; et les publicistes, les économistes ainsi que tous ceux qui aiment à juger scientifiquement, ont dit à leur tour: enfin, le branle est donné à l'activité individuelle. Tout cela est juste : mais les milliards envoyés ici depuis trente ans n'ont-ils pas aussi procuré souvent du travail ? Et cependant qu'en reste-t-il ? La misère est plus grande que jamais. Ces milliards ne suffisaient-ils pas pour asseoir solidement une circulation ? et cependant l'argent manque et le peu qui reste, circule mal. Quand aux publicistes et aux économistes je les prierai de vouloir bien distinguer, puisque le *distinguo* est une loi de la logique latine qu'ils aiment à respecter.

Lorsque l'Angleterre, la France et l'Allemagne ont créé leurs chemins de fer, il y avait déjà, je suppose, dans ces divers pays des Anglais, des Français et des Allemands, et les bailleurs de fonds de l'entreprise savaient d'avance par le mouvement des voyageurs et des marchandises sur les routes ordinaires, par la nature et le nombre des besoins généraux, que le bilan des recettes et des dépenses serait avantageux. Chacun de ces peuples devait également bien s'en trouver, puisque la prospérité publique est toujours en raison de la facilité et de la multiplicité des échanges. Les publicistes et les économistes avoueront que si l'idée des chemins de fer de l'Algérie est venue par analogie, d'après la marche ordinaire de l'esprit humain, cette analogie a été singulièrement comprise, puisque nous n'avons rien à fournir aux Arabes. et qu'ils forment à eux seuls la population du pays. Mais objectera-t-on tout de suite, comme une de ces raisons terrassantes qui ferment la bouche : nous irons prendre leurs produits et nous nous en enrichirons. L'argument est lumineux ! J'ai dit plus haut qu'on allait chercher très loin la cause de notre détresse, quand elle était tout près, si près qu'il n'y avait qu'à tendre la main pour la saisir. J'ai dit: où sont allés ces milliards dépensés ici par la France et qu'on n'a plus revus ? La réponse est aisée : chez les Arabes.

Un jour, il y a de cela environ douze ans, j'eus l'occasion de voir le rapport qu'un chef de bureau Arabe adressait au général de la subdivision, lequel devait ensuite l'envoyer à Alger, où l'on groupait en dernier ressort tous les aperçus destinés à renseigner le Gouvernement sur l'état du pays. On y faisait remarquer comme trait saillant, et d'un bon augure pour notre prospérité, *que les Arabes venaient en grand nombre au marché.* Cependant que venaient-ils y faire ? Vendre et acheter, ou seulement vendre ? Ainsi que je l'ai dit, et on ne peut trop le répéter, ils n'ont rien à nous acheter, ou si peu que c'est une dérision d'en parler ; mais ils ont beaucoup à nous vendre, depuis leurs œufs et leur beurre jusqu'à leurs blés et à leurs bestiaux. Le rapport avait donc évidemment commis une erreur, celle d'oublier que l'Afrique n'est pas la France, et que si l'idée de marché, en France, emporte celle d'une réciprocité de transactions, il en est autrement ici. L'officier de ce bureau Arabe était fier de laisser comprendre à son gouvernement toute l'adresse qu'il lui avait fallu pour obtenir un pareil résultat ; autre petit non sens tambouriné plus d'une fois, et qu'on ne s'est jamais donné la peine d'examiner. Il était cependant bien aisé de se douter que si les Arabes nous en veulent, ils ne détestent pas notre argent, et qu'il n'est pas nécessaire de recourir à de grands efforts d'esprit pour les déterminer à venir le prendre.

Je crois qu'il ne s'offrira à la pensée de personne de contester que, depuis trente ans, les Arabes sont en possession de nous nourrir, ou à peu près, et que c'est en cela qu'a consisté la plus grande partie de nos relations mutuelles. Notre commerce avec eux a eu constamment pour but de leur donner notre argent de la manière la moins avantageuse ; car, à part quelques matières brutes destinées à être transformées, nous ne recevons en échange que des objets de consommation dont la valeur ne tarde pas à être anéantie. Quant aux matières à transformer, ce

n'est ni à Alger, ni à Oran, ni à Philippeville que ce travail s'o-
père, c'est en France ; il faudrait, pour que les villes de l'Algérie pussent en profiter elles-mêmes, que ce qui est ne fût pas,
c'est-à-dire qu'elles pussent envoyer à la France des objets fa-
briqués chez elles. Mais, hélas ! c'est le contraire qui a lieu, et
aura lieu encore longtemps selon toute probabilité. Il est donc
évident que jusqu'ici les Arabes seuls ont eu à se féliciter de
nos prévenances, et que, bien loin de fonder notre espoir sur
une intimité plus étroite, nous devrions nous mettre en état de
nous passer d'eux le plus tôt possible. Sans doute nous en aurons
encore besoin pendant longtemps, mais pourquoi ne pas reconnaître aussi que c'est là l'un des plus mauvais côtés de notre
colonie, pourquoi mettre tant de répugnance à constater une
vérité qui se trouve d'accord avec les principes les plus élé-
mentaires de l'économie politique, et qui ressort si incontestablement des faits ? Une pareille constatation n'aurait pas sans
doute des effets bien étendus aujourd'hui, mais elle aurait au
moins l'avantage de couper court à une foule d'idées fausses,
dont quelques-unes finissent quelquefois par être adoptées,
et d'imposer aux imaginations l'obligation de s'occuper un peu
moins des Arabes et un peu plus de nous.

Nous savons, à la suite d'une expérience de trente ans, à
quel chiffre pitoyable se réduisent les débouchés de la France
dans l'intérieur ; que, du reste, ce chiffre augmentât-il, la colonie n'en aurait pas moins une existence insolite, puisqu'elle tend
fatalement à être plus qu'un comptoir, et que cet argent retiré
aux Indigènes, retourne dans la Mère-Patrie en ne laissant ici
que quelques traces imperceptibles. Jusqu'à présent les chameaux et les mulets ont satisfait surabondamment aux besoins
du grand et du petit commerce ; les Arabes ne nous ont jamais laissés manquer de viandes ni de blés, et nous pouvons être
assurés qu'ils ont aussi vivement que nous le désir de nous
faire subsister. De quelque côté que l'on se tourne pour apercevoir les avantages matériels et généraux que les chemins de

fer doivent procurer à la colonie dans nos relations avec les tribus, je ne pense pas qu'on puisse rien découvrir, à moins qu'il n'existe quelque procédé d'optique dont quelques-uns seuls aient le secret. Le prix des denrées lui-même, ne baissera pas, puisque les nouvelles voies de communication ne rivaliseront jamais avec les transports si peu coûteux des Arabes. Quant aux avantages moraux, aux éléments plus parfaits de pénétration que nous posséderons à l'égard des Musulmans, ils n'existent que dans l'imagination de ceux qui croient à la fusion.

Les chemins de fer desserviront nos centres agricoles : voilà la phrase que j'entends répéter partout et dont je ne saisis pas le sens. La grande ressource agricole aujourd'hui est de faire du blé et du tabac : or, le blé n'a jamais eu besoin de se transporter bien loin pour se débiter, et les colons, à cet égard, n'ont eu qu'à profiter des facilités de placements offertes au Arabes, qui viennent apporter leurs céréales dans les magasins de chaque subdivision. D'ailleurs, on n'entend jamais dire aux colons que la détresse provienne d'un défaut de communication, et si tel était le mal, rien ne serait plus aisé que d'y remédier par les moyens ordinaires. Avant les chemins de fer, on considérait la multiplicité des routes comme le plus grand bienfait, et tous les peuples qui en ont eu et se sont trouvés dans de bonnes conditions administratives, n'ont jamais manqué de prospérer. La richesse rurale de la France ne date pas de l'ère de la vapeur, mais de 89. Si Blidah souffre malgré tous les avantages de sa situation, cela ne tient pas à ce que les villages voisins ne transportent pas assez commodément à Alger, leurs blés et leur tabac, puisque, comme je l'ai dit, le placement des premiers a lieu dans la subdivision, et qu'il a été question d'y recevoir également ce dernier ; cela ne tient pas non plus à ce que ces mêmes villages n'ont pas la faculté d'arriver assez vite à Alger pour y écouler leur volaille, leurs œufs, leur beurre et leur fromage, puisque les Arabes et les Kabyles, presque seuls en possession de cette industrie, conserveront toujours les avantages du bas prix et de la quantité. Le mal de Blidah est celui de toutes les autres villes de l'Algérie : il s'est étendu disproportionnément à ses campagnes. Des spéculateurs hardis, supposant qu'un pays aussi riche, que tant de beaux jardins devaient nécessairement attirer une forte population rurale, s'empressèrent de construire. En 1847, Blidah était, à quelques maisons près, ce qu'il est aujourd'hui. Les spéculateurs avaient compté sans leur hôte. Depuis lors on éleva plusieurs villages à l'entour, mais ce fut insuffisant ; si on lui retirait sa garnison avec les administrations qui en dépendent, il n'aurait plus qu'à mettre la clef sous la porte, et à aller chercher gîte ailleurs.

Les économistes s'accordent à dire que l'État doit se mêler le moins possible de diriger les affaires des particuliers, et que sa mission est uniquement d'assurer aux individus les meilleurs moyens d'exercer leur activité, conformément aux besoins que cette activité même indique ; ce qui signifie en d'autres termes que l'État ne doit pas avoir de système. Toutes les fois cependant qu'on s'écarte d'une tendance instinctive, le système commence ; on entre dans la voie des idées, la plus sûre selon Descartes et Platon pour savoir des vérités philosophiques, mais la plus sujette à l'erreur pour concevoir sainement les réalités. Le projet des chemins de fer appartient évidemment à un système, puisqu'on n'a pas cru devoir tenir compte de l'absence d'un mouvement social propre, et qu'au lieu de le fonder sur ce qui existe, on l'a fondé sur ce qui sera. On a trouvé que l'antique proverbe : *Pour faire un civet, prenez un lièvre,* n'était plus à la hauteur du siècle, et qu'il était bien autrement méritoire de commencer par faire son civet.

La population rurale manque près de Blidah comme partout, mais on espère que les chemins de fer la feront venir. Elle ne venait pas, dit-on, parce que l'Algérie avait la réputation d'être barbare ; mais une fois que l'Europe saura qu'il va s'y trouver des rails-way, elle y affluera.

Les rails-way en Europe ont été une suite de la population : on a imaginé de faire mieux et de forcer le peuplement de l'Afrique à devenir une suite des rails-way. C'est le principe renversé ; le peuple dirait plus énergiquement que c'est mettre la charrue devant les bœufs. Mais enfin, est-ce bien parce qu'on n'allait pas en deux heures d'Alger à Blidah, que tant d'excellentes terres sont restées incultes, et des chemins vicinaux ainsi que des routes ordinaires ne suffisaient-ils pas à l'écoulement des produits ? Le seul appât qu'il suffisait d'offrir à une foule de familles de France, était la perspective de vivre mieux que dans leur patrie, car l'ambition de la multitude ne va pas plus loin, et il n'y a pas de petits fermiers ni de petits métayers joignant péniblement les deux bouts, qui ne s'aventurent au bout du monde pour devenir propriétaires.

Dix hectares valent en France une trentaine de mille francs ; quel fou aurait hésité à profiter d'une pareille aubaine ? Mais il fallait que ce fussent bien réellement dix hectares comme tout le monde l'entendait, prêts à rapporter, et n'attendant que les travaux ordinaires de la campagne. Alors, dans tous les cas où les immigrants eussent eu besoin d'une avance pour bestiaux et instruments aratoires, ainsi que pour d'autres frais d'installation, rien n'eût empêché l'État de la faire, puisque la concession, sûrement exploitable, devenait une garantie entre ses mains. A cet égard il eût même pu imiter la Prusse, où il existe depuis longtemps des banques foncières qui ont combiné les intérêts du prêt avec son amortissement. Mais ces dix hectares étaient souvent composés de terrains aussi longs que pénibles à défricher, et ne fournissant aux premières nécessités de la vie qu'aux dépens de la santé des colons. Leur petit pécule, quand ils étaient parvenus à en conserver après les dépenses du voyage et celles d'une attente de plusieurs mois, nécessitée par des préliminaires administratifs, finissait par s'épuiser entièrement ; puis la fièvre venait, la fièvre doublement mortelle d'un ciel sans ombre et des mauvais jours. Qui avait tort dans tout cela ? Ces mêmes colons.

On insinua d'abord, et voyant que le mot réussissait, on proclama bientôt que les colons étaient des paresseux, et que l'on avait été vraiment beaucoup trop bon de compter sur de pareilles gens. Le passé, cependant, se trouve encore assez nettement expliqué par le présent, et si l'on voulait seulement se donner la peine d'ouvrir les oreilles et d'écouter ce qui se dit, on saurait que ceux dont l'agriculture est le métier, préfèrent acheter des terres défrichées que d'exploiter des concessions. Il est même à remarquer que presque tous ceux qui en ont demandé et en ont obtenu, ne sont pas cultivateurs ; un bon nombre sont des employés, qui dans une administration, qui dans une autre ; plusieurs sont à Paris, et parmi ceux-ci on en cite un qui s'est fait départir à lui tout seul une ample section de la Mitidja. N'étant pas forcés de tirer parti de leurs lots par eux-mêmes, ils les louent à bas prix quand ils le peuvent, ou attendent l'occasion de les vendre un jour. Voilà ce qu'on a appelé coloniser.

Mais, s'écriera-t-on, il faut bien que quelqu'un défriche, et, si ce n'est pas le concessionnaire, qui sera-ce ? On se donne souvent le plaisir de faire de doctes tirades sur les Anciens, en général, et les Romains en particulier, sans trop tenir à s'assurer si tous ces types antiques n'étaient pas plus vulgaires qu'on le prétend. Les soldats romains, s'il est permis de juger par similitude, comme aurait dit Molière, ne devaient pas mal avoir les tendances de leurs compatriotes bourgeois de la ville éternelle, lesquels aimaient furieusement la bonne chère, au dire d'Aulu-Gelle. S'ils suivaient avec tant d'ardeur les généraux qui les menaient à la victoire, ce n'était pas précisément par un sentiment sublime des grandes choses ; c'était plutôt parce que l'énormité du butin était en raison des grandes batailles, et que les fatigues purement militaires d'une campagne, étaient un moyen de bombance dans les intervalles et pendant les quartiers d'hiver. Vus ainsi, et réduits à ce que j'appellerai leurs vraies proportions, peut-on raisonnablement supposer qu'ils aient consenti à s'éreinter dans une foule de travaux en dehors de leur métier ? Pour comprendre que les œuvres qui exigent des manouvriers n'étaient les leurs que très accidentellement, il faut se rappeler que presque toute l'Italie et la Sicile étaient cultivées par des esclaves, c'est-à-dire des prisonniers de guerre, et rien ne semble plus naturel que de rapporter à ceux-ci l'honneur des belles routes et d'une foule de travaux attribués à l'armée. La part des esclaves dans les fastes des Anciens était bien plus grande qu'on ne le pense généralement, témoin les sept Ilotes, que chaque Spartiate emmenait à la guerre, ce qui diminue singulièrement l'héroïsme des trois cents preux de Léonidas.

Nous ne faisons pas d'esclaves, mais rien ne nous empêchait d'employer utilement nos prisonniers. Aujourd'hui, si nous l'avions voulu, toute la Mitidja, cette mine précieuse de richesse agricole, serait défrichée, assainie, canalisée, et il en serait de même des territoires d'Oran, de Phlippeville et de Bône. Mais, cela ne devait pas être, ainsi soit-il !

V.

Tout le monde rend justice à la pensée générale qui a fait décréter la construction des chemins de fer ainsi que celle du Boulevard de l'Impératrice ; cette pensée est profondément philanthropique : des malheureux manquaient de travail ; ils en auront pendant un an, deux ans, trois ans peut-être, et c'est déjà beaucoup par la misère qui court de pouvoir leur en garantir aussi longtemps. La corde des petites industries sera également allongée : mais après ?

Les questions sociales ne comportent ni poésie, ni enthousiasme ; autrement elles deviennent des utopies. On n'a donc pas été bien conséquent avec le positivisme de la vie ordinaire en s'écriant : à présent l'Algérie est sauvée ! Une affirmation, de quelque ton prophétique qu'elle soit prononcée, n'est pas une preuve : elle peut agir sur des nerfs agaçables ; mais c'est une raison de plus pour s'en défier. La situation générale restera la même, et l'expérience nous apprenant que la nature des lois secondaires n'est jamais qu'un effet de celle des lois principales, nous commettons un lapsus assez étrange en nous figurant que l'Algérie seule va faire exception. Les capitaux afflueront, dit-on. Mais, s'ils n'avaient aucun motif d'affluer auparavant, pourquoi afflueraient-ils ? pourquoi ? Oh ! parce que la confiance naîtra. Mais qu'est-ce qui l'empêchait de naître plus tôt ? N'est-ce pas apparemment que la situation était mauvaise ?

L'une des clauses de l'adjudication de l'entreprise des chemins de fer, prouve éloquemment que l'espoir d'un bel avenir résultant de leur conception, n'est pas du tout démontré. Les gens les plus compétents à juger la valeur d'une opération, sont ceux qui ont des risques à y courir ; ces gens-là, surtout quand ils font métier de spéculateurs, voient très-clair ordinairement ; les entraînements de la sthétique n'ont aucun empire sur eux, et ils ne donnent leur argent qu'après avoir soigneusement examiné si l'entreprise n'a pas quelque trou par lequel il puisse passer et se perdre. Or, les adjudicataires ont si peu été persuadés de la grandeur des suites que les chemins de fer devaient provoquer, qu'il ont stipulé la condition d'une garantie de cinq pour cent. Du reste, le Gouvernement lui-même, à qui certains publicistes ont reproché plus d'une fois sa tiédeur, ne semble pas avoir été parfaitement convaincu que les destinées de la colonie tinssent à la possibilité de faire huit lieues à l'heure, sans quoi il s'en serait occupé plus tôt, et se serait réservé l'exploitation de l'entreprise. Ses lenteurs ainsi que le mode d'exécution qu'il a préféré, prouvent que le fonds de sa pensée a été avant tout de répandre quelques millions dans le pays,

Ce but sera-t-il atteint aussi complètement qu'on se l'est figuré ? D'abord, la plus grande partie de ces millions sera dépensée en matériaux achetés hors de l'Algérie, et en frais de transports ; une seconde partie passera, contrairement à l'objet de l'entreprise, entre les mains d'un grand nombre d'ouvriers arabes, et une troisième, bien plus considérable, ira rejoindre les milliards leurs prédécessurs, dans les tribus, à peu près seules en possession de fournir des ragoûts aux travailleurs, des rôtis ou de la volaille aux employés et du pain à tout le monde : ainsi, les Arabes se trouveront encore le mieux partagés.

Le Boulevard de l'Impératrice est incontestablement une vaste conception, et son avantage le plus immédiat sera de faire circuler beaucoup d'argent à Alger. Je commence donc par déclarer que j'admire ; mais, comme Garo, je crois pouvoir me permettre de remarquer que ce n'est pas sans raison que Dieu a mis les citrouilles par terre et les glands sur les arbres.

Louis XIV donnait une prime à ceux qui faisaient beaucoup d'enfants, car on lui avait fait entendre que la prospérité de la France augmenterait en raison de sa population ; quand Malthus proclama le principe opposé, beaucoup se récrièrent contre ce qu'ils appelaient un crime de lèze-humanité. Les deux idées étaient également justes, seulement dans les conditions que chacune comportait. On ne peut trop peupler sur le point où les moyens d'existence n'attendent pour croître qu'un accroissement de travailleurs ; on ne peut, au contraire, trop désirer une diminution de bouches sur celui où les moyens d'existence sont déjà insuffisants. Les travaux du Boulevard de l'Impératrice vont suppléer pendant quelque temps à l'absence d'équilibre entre le mouvement d'Alger et celui des campagnes, mais quand l'activité factice qu'ils auront amenée, aura cessé, le même malaise se représentera, et se trouvera encore aggravé par la présence des nouveaux travailleurs accourus pendant la période des travaux. Ainsi, en définitive, on aura uniquement augmenté les bouches. On conçoit que

pour un mal passager comme il en survient en Europe,
on emploie des palliatifs dont le but est de gagner un peu de
temps, convaincu que la constitution du malade fera le reste.
Mais ici, c'est l'organisme qui est profondément attaqué, et
c'est à la source de la vie qu'il faut aller atteindre le mal.

Puisqu'il est notoire pour tout le monde que le malaise de
nos villes d'Afrique, provient d'une pénurie de consommateurs,
et que ces consommateurs, par la nature de ces villes, seront
toujours impossibles sans une richesse agricole, c'est uniquement à l'avenir de celle-ci qu'il faut pourvoir : en procédant à
rebours, on ne peut arriver qu'à de nouvelles anomalies plus
difficiles à réparer.

Alger, Oran, Philippeville et Bône ne constituent pas la colonie : ce ne sont que des pied-à-terre d'où elle prend son es-
sor et qui lui restent fatalement subordonnés. Il n'est donc pas
facile de comprendre pourquoi l'on paraît tant tenir à leur
embellissement, et à leur donner la physionomie des villes de
France. Il faudrait au contraire désirer qu'elles eussent l'air de
ce qu'elles sont, puisqu'il est convenu que l'on n'est heureux
qu'en sachant limiter ses prétentions à sa fortune. Les embel-
lissements des villes de France sont une suite de leur opulence ;
les monuments qu'elles se construisent deviennent alors un
moyen de mieux faire pénétrer dans toutes les couches de la
population, les moindres filets de la richesse publique. C'est
la main gauche qui donne à la main droite, et la main droite le
lui rend avec usure. Mais ici, quoi de semblable ? Les villes ont
à peine de quoi manger ; au lieu de s'occuper de leurs plaisirs,
ne devrait-on pas s'occuper davantage de leur pain quotidien ?
Non pas de celui auquel la charité peut subvenir pendant quelque
temps, et qu'elle est exposée à devoir suspendre, mais de celui
qu'une société doit toujours pouvoir se procurer par elle-même, et qu'elle sait, en effet, toujours se procurer quand elle
n'est pas quelque monstruosité accidentelle contre nature.
Mais alors il faudrait revenir à la question agricole, à ce nœud

gordien de la colonisation, qui attend encore son Alexandre; et c'est ce qu'on paraît aimer le moins.

Cependant, puisqu'on voulait jeter quelques millions dans le pays, n'était-il pas plus naturel de le faire en faveur de la culture? L'idée philantropique eût été également satisfaite, et l'on se serait rapppoché du seul ordre d'activité qui permette aux cités de l'Algérie de prospérer.

On n'a pas remarqué assez que ce sont les déceptions de l'intérieur qui ont encombré Alger d'industries dont il n'a que faire, et qu'elles s'empresseraient de le quitter pour se porter sur d'autres points, à la moindre perspective de travail. Le moyen le plus durable de le soulager serait donc, ce semble, d'attirer ailleurs tous ceux qui ne gagnent pas assez et empêchent en même temps les autres de faire convenablement leurs affaires. Le haut et le petit commerce eux-mêmes s'en trouveraient bien, puisque, les bénéfices étant moins partagés, les achats deviendraient plus faciles. Mais Alger n'aurait pas son boulevard, et comment s'en passerait-il? On l'a tellement habitué à se voir traité en grande ville, qu'il ne se conçoit plus autrement.

VI.

Si je crois qu'il y a mieux à faire que des chemins de fer et un boulevard aussi coûteux que superflu, c'est surtout parce que la conception s'en rattache trop sensiblement à l'ancien système, qui n'a jamais compris la nécessité d'un peuplement à tout prix dans les campagnes. Il faut cependant que ce peuplement se fasse ou que la France quitte l'Algérie ; elle ne peut rester, qu'à la condition de recommencer ses opérations à nouveau, et de n'avoir plus uniquement en vue que l'établissement d'une circulation entre les diverses productions du milieu Européen. Tout ce qui écarte de ce but est désastreux, et rien n'en écarte autant que des idées de construction qui considèrent Alger comme ayant déjà les qualités d'un centre autour duquel une gravitation existe; et que des idées de chemins de fer, qui supposent la présence préalable d'une population dont ils rendent les besoins réciproques plus aisés à satisfaire. Ces idées permettent surtout d'apercevoir que le germe d'où elles sont nées est toujours le même, et que tant que ce germe ne sera pas arraché, les mêmes œuvres se reproduiront sous d'autres noms. On croit encore au rapprochement des Arabes ; mais, où y croit-on surtout ? A Paris. Une foule de gens qui vivent ici depuis longtemps et dont les fonctions ne sont pas de nature à les empêcher de voir les choses de près, sont persuadés que c'est impossible ; mais à Paris on croit que c'est très possible, et des gens aussi universitaires, qui savent Aristote sur le bout du doigt, ne peuvent pas se tromper.

Rien n'est plaisant comme d'entendre le premier touriste venu, exprimer ses impressions. Étant parti de Paris avec la conviction que la mission de la France est de civiliser le monde, et que lui, membre de la Grande Nation, tient par un bout quelconque à cette mission, il arrive ici pénétré de l'immense différence de lumières qui existe entre l'Arabe et lui, et de l'obligation de n'éprouver à son égard qu'un tendre sentiment de tuteur. De plus, s'il ne se montre pas à Paris très partisan des droits de l'homme ; si, même, son tempérament ne le porte pas généralement à tenir un grand compte des autres, il acquiert tout d'un coup ici une sensibilité frappée au plus pur coin de la démocratie; il rapelle énergiquement que tous les hommes sont égaux, et que l'Arabe est d'autant plus notre égal, d'autant plus digne de nos égards et de nos prévenances, que nous l'avons vaincu. Il s'indigne qu'on

puisse éprouver pour lui autre chose qu'une aimable sollicitude, et n'est pas éloigné de rejeter sur l'animosité sauvage des colons, le mal qu'on en dit. Comme il est érudit,
et qu'il a passé sa vie à étudier les hommes dans les livres,
il lui en est resté l'axiôme qu'un peuple primitif, c'est-à-dire
ignorant, est nécessairement simple ; c'est profondément faux,
mais enfin c'est écrit, et il en conclut qu'un pareil fonds suffit
pour y faire pousser tout ce que nous voudrons.

Ce touriste, qui tient à voir sainement les choses, et surtout
à ne pas se laisser égarer par des colons qu'on lui a dépeints,
avant son départ, sous un jour peu brillant, se fait ordinairement accompagner par un interprète indigène, dont le sourire
candide et les mille petites prévenances lui servent de premier
objet d'étude, et le disposent favorablement. Sa position
présumée de Français de distinction le fait recevoir partout avec des égards qu'en France, il attribuerait sans hésiter à
l'importance de sa bourse ou de sa personne, mais qu'ici, il
trouve plus ingénieux de mettre sur le compte d'une foule de
sentiments abstraits, se résumant tous dans une profonde admiration pour le peuple auquel il appartient.

Hélas ! trois fois hélas ! Les Musulmans, petits et grands,
n'admirent qu'eux-mêmes, et leur manière de se prouver qu'ils
nous sont supérieurs, ne permet pas d'espérer que nous chan-
gerons leur conviction. La supériorité d'une race sur une autre, disent leurs dialectiens, provient de celle de l'intelligence ;
l'intelligence la plus haute est évidemment celle avec laquelle Dieu a le plus directement communiqué, et qui, par conséquent, possède une connaissance plus complète des choses di-
vines. Or, les Musulmans possédant plus complètement cette
connaissance, sont supérieurs aux chrétiens. Il est vrai que le
syllogisme pèche en ce que la conclusion des premiers peut
être revendiquée par ceux-ci, mais comme, de leur côté, ceux-
ci n'ont à apporter qu'une affirmation de la même force, ce qui
est très commode en méthaphysique, les Musulmans ont toute

latitude de se proclamer au-dessus de nous. Il n'y a pas un Arabe à qui l'on ne puisse entendre exposer la même idée : les Mouftis, les Qadis et tous les Indigènes en place, avec un certain patelinage que le soin de leurs intérêts commande ; mais tous les autres, avec le sombre emportement de l'orgueil humilié. Qu'est-ce que nos sciences à leurs yeux? de simples acquisitions dues au hasard, et dont ils auraient su tirer un bien meilleur parti, si Dieu avait voulu pu'ils les apprissent.

Au moins, reconnaissent-ils que nous sommes humains? Que nous nous oublions presque nous-mêmes pour penser à leur bien-être? Que nous avons, enfin, le cœur aussi noblement placé que doit l'avoir un grand peuple civilisé ? Répondent-ils un peu à notre sensibilité? C'est ce qu'affirmera avec des larmes dans la voix, le touriste susdit ; mais, hélas encore ! le touriste se trompe. Celui qui n'est ni touriste, ni personnage officiel, et qui sait un peu d'arabe, peut aisément s'assurer du contraire ; il n'a qu'à aller passer une heure dans un café maure, et il lui sera facile d'obtenir quelque phrase analogue à celle-ci : les Français sont des fourbes. Notre bonté, fourberie ! Notre justice, fourberie ! Notre loyauté, fourberie ! Nos traitements pleins de douceur, notre partialité même en leur faveur, fourberie ! Voilà l'opinion qu'ils expriment sur nous, et sans se gêner, car le soin que l'on prend de ménager leur susceptibilité leur a donné une plus grande confiance en eux-mêmes. Nous leur avons tant répété qu'ils sont nos égaux, qu'ils en ont inféré le droit de pouvoir nous haïr plus ouvertement. Il en est résulté aussi un phénomène historique bizarre, et dont les fastes d'aucun peuple n'offrent d'exemple : ce sont eux qui, à tout moment, et devant nous, nous traitent d'*Infidèles*, avec un accent de fureur si nettement caractérisé, qu'il ne peut rester aucun doute sur l'idée injurieuse qu'ils y attachent. Ainsi, la religion des vainqueurs est journellement insultée par les vaincus, sans que la loi pense devoir s'en mêler. A Tunis, en Egypte où cependant notre in-

fluence est grande, un Français qui traiterait de *Kafer* (Infi-
dèle) un Musulman, se ferait massacrer, et nos consuls seraient
peut-être contraints d'avouer que le Français n'a eu que ce
qu'il méritait.

Oh ! répondra encore le touriste, ce n'est pas sans motifs
que nous marchons à la tête de la civilisation. Sans doute,
mais la civilisation n'exclut pas le sens commun, et le sens
commun avertit que nous manquons à notre dignité en
permettant des épithètes auxquelles les Musulmans attribuent
une idée flétrissante. Il ne s'agit plus ici, de répondre à du fanatisme par du fanatisme, mais de les empêcher de cracher sur
nous à leur manière, et de se fortifier dans leurs traditions de
mépris à l'égard des chrétiens.

Quand les Scytes après vingt ans d'excursions en Asie, revin-
rent chez eux, il leur suffit de s'armer de fouets pour châtier les
esclaves qui s'étaient emparés de leurs femmes et de leurs
foyers ; ils auraient dû au contraire leur livrer plus d'une bataille sanglante, s'ils avaient eu affaire à des hommes se croyant
autant, et même plus de courage qu'eux. Notre civilisation ne
permet plus d'abaisser des vaincus au rang dégradant d'esclaves, mais elle n'en est pas moins tenue de ne pas oublier que
tant qu'elle ne sera pas parvenue à une fraternisation universelle, son premier devoir est de veiller à la sûreté de ceux qui
lui donnent asile, et c'est mal comprendre cette sûreté, que
d'entretenir chez les Arabes des sentiments qui augmentent
les chances de révolte et rendent les luttes plus acharnées. N'y
a-t-il donc pas un terme moyen entre la tyrannie stupide des
époques barbares et la bonhomie imprudente d'une époque
avancée, et n'est-il pas possible de concilier des principes d'humanité avec ceux de sa conservation ? L'humanité réclame que
nous nous rappelions que les Arabes sont des hommes, mais le
soin de notre avenir ne nous permet pas d'oublier qu'ils n'ont
pas cessé d'être nos ennemis.

Ici, je vois le touriste qui m'arrête et me dit : tout-à-l'heure vous donniez à entendre qu'un bon syllogisme doit être fondé sur une vérité incontestable, et cependant vous voyez que des gens distingués ne croient pas à cette inimitié, ou la supposent susceptible de s'affaiblir au point de disparaître plus tard. A ceci il n'y a qu'une réponse ; c'est de renvoyer le touriste et ses personnes de distinction, au fameux sorite du renard : ils y verront comment celui-ci avant de conclure que la glace d'une rivière peut le supporter, commence par bien s'assurer que l'eau ne coule plus, ce qui nécessite deux conditions ; être tout près et ne pas être sourd, à quoi la distinction et toute l'instruction du monde ne suppléent pas.

Jadis, quand on voulait faire pénétrer profondément dans l'esprit certaines vérités sujettes à être mal saisies, on les enveloppait d'une parabole, c'est-à-dire d'un fait bien accessible aux sens ; en voici un suffisamment caractéristique.

Avant d'entrer à l'hôpital l'hiver dernier, je me rendis au bureau Arabe de la Préfecture d'Alger, en m'appuyant à droite sur ma canne, et à gauche sur le bras d'un Biskri. Quand je fus guéri, j'eus encore occasion de retourner au bureau Arabe, et en passant, toujours appuyé sur ma canne, devant un café maure situé en face, j'entendis un Arabe dire à son voisin : « Had el-kelb mazal ma mat chi » *Ce chien n'est pas encore mort !* Cet Arabe, cependant, était proprement vêtu et semblait appartenir à la partie la moins brutale de la population. Il ne me connaissait pas, n'avait aucun sujet personnel de m'en vouloir ; pourquoi, alors, une expression aussi sauvage, aussi incroyable ? Moïse avait beau multiplier les signes de sa mission, Pharaon restait incrédule ; il ne se rendit que quand la dixième plaie lui eut enlevé son premier-né. Ne sera-ce aussi que quand une nouvelle plaie, béante, irrécusable nous aura frappés, que nous ouvrirons les yeux ? ne vaudrait-il pas mieux les ouvrir tout de suite, et accepter franchement les conséquences de notre situation ?

VII.

La France est sortie victorieuse de sa guerre de Crimée, victorieuse encore de sa guerre d'Italie ; mais sera-t-elle toujours aussi heureuse, et n'est-elle pas exposée à éprouver, je ne dirai pas des revers, mais de ces embarras dont les ennemis s'empressent de profiter ? Il y a en France beaucoup de gens persuadés qu'un bon citoyen ne doit pas admettre que nous puissions perdre une bataille ; c'est plutôt le contraire qu'ils devraient dire, car la prévision d'un événement malheureux permet d'en éviter la plupart des suites. Le mauvais citoyen est ce Chauvin si bien défini qui crie partout le plus fort : Vive la France ! parce que dans son esprit, elle se confond toujours un peu avec sa propre personne : tant qu'il n'a pas de lettre de change protestée ou n'est pas relégué à la demi-solde, selon la position sociale dont il est honoré, il ne lui semble pas possible que les affaires de son pays puissent aller mal.

La France est puissante, mais elle a de puissants ennemis ; un surtout, qui n'attend que le moment d'ameuter contre elle une nouvelle coalition. N'est-il pas possible qu'il y réussisse, et que, pendant quelque temps, l'Algérie soit réduite à se suffire à elle-même ?

Si l'on ne s'est pas trompé dans l'hypothèse sur laquelle on a tout édifié ici depuis le commencement, et si les deux millions et demi de Français formant la population de l'Algérie, ne sont pas une pure hallucination, nous n'avons rien à craindre ; nos embarras d'Europe ne serviront qu'à mieux faire ressortir l'amitié des Arabes pour nous, et à rendre inébranlables à l'avenir des sentiments fortifiés par des dangers supportés en commun. Mais si l'on s'est trompé, si nous n'avons au milieu de nous, autour de nous, que des gens qui n'attendent pour nous égorger, et même nous dépecer, que le moment de pouvoir le faire avec impunité ; si l'Arabe est pour nous cet ennemi naturel, mentionné fréquemment par les Orientaux, et dont il n'est donné à personne de changer les instincts, n'est-il pas aisé de prévoir à quel épouvantable catastrophe donnerait lieu une une guerre un peu longue en Europe ? La sagesse d'un gouvernement, comme celle des individus, consiste à envisager toutes les faces d'une question ; et si, hypothèse pour hypothèse, la seconde a autant de raison de prévaloir que la première, il semble que le Gouvernement aurait dû la ménager davantage, etlui réserver une place plus large dans ses conseils.

De l'extrémité du Maroc jusqu'à l'Euphrate, les Musulmans présentent une singulière unanimité de sentiments à l'égard des deux peuples d'Europe qui ont le plus fixé leur attention : les Français et les Anglais. Ils ont pour les premiers toute la haine et tout le mépris que leur inspirent des ennemis à la fois menaçants et chrétiens, et pour les autres, au contraire, la sympathie la moins dissimulée. D'où provient une pareille unanimité ? D'où est née l'opinion hostile dont nous [sommes si particulièrement l'objet ? Précisément de tous les efforts que nous avons faits pour persuader aux tribus que nous voulons leur bonheur ; du soin que nous avons pris de les organiser, et de leur donner des chefs. Au premier abord, le plan peut sembler bien conçu, mais en le considérant de près, on s'aperçoit qu'il conduit justement à l'antipode de ce qu'on s'est proposé, c'est-à-dire qu'au lieu de calmer les esprits par une longue suite de rapports pacifiques, nous nous les sommes aliénés davantage.

Depuis le principe de la création des Kaïds de chaque subdivision, les chefs des Bureaux Arabes, dont c'était l'une des plus importantes attributions, ont été chargés de choisir ceux qui convenaient le mieux, non pas aux Arabes, mais aux Français. Les gens dignes sont à peu près les mêmes dans tous les pays ; ils se respectent trop pour sacrifier leur conscience à leur intérêt, et si, dans certaines circonstances, ils consentent à accepter des fonctions officielles c'est en se réservant tous les droits de leur conviction : ce n'est donc pas sur ceux-là que le choix tombe ordinairement, et à plus forte raison quand une politique exceptionnelle est fatalement réduite à n'avoir que des instruments. Quand même les chefs des Bureaux Arabes auraient eu les sentiments les plus droits, et la plus ferme résolution de s'entourer de braves gens, ils ne l'auraient pas pu, puisque leur plan même d'intervention dans la police de chaque tribu ne leur laissait pas la faculté d'élire des gens à conscience inflexible, ceux-ci se composant des Musulmans qui n'admettent à aucun titre que nous nous mêlions de leurs affaires, parce qu'ils y voient une atteinte mortelle portée au Coran, seul chargé de régler leurs intérêts religieux et leurs intérêts civils.

Les Kaïds furent donc presque toujours des gens sans valeur personnelle, ne s'estimant pas plus qu'ils n'estimaient leurs coreligionnaires, et ne s'occupant que d'en tirer le plus d'argent possible, ce qui nécessitait ordinairement deux sortes d'opérations dans lesquelles ils étaient très habiles : l'une consistait à accuser [d'être des *hommes dangereux*, ceux qui ne consentaient pas à se laisser écorcher sans crier ; l'autre à rejeter leurs extorsions sur le compte des bureaux dont ils dépendaient. Un certain nombre, ceux qui n'étaient pas partis d'assez bas, comme du rang de *Khammas* (1), par exemple, pour ne pas tenir à l'estime des leurs, prétendaient n'avoir accepté leurs fonctions que dans l'intérêt de la tribu, et afin d'adoucir la rigueur de nos traitements.

---

(1) Ouvriers ayant droit au 5ᵉ d'une récolte.

Si l'on m'accusait d'exagérer les turpitudes dont la plupart de nos élus ont été capables et le sont probablement encore, puisque les choix sont toujours déterminés par les mêmes motifs, je renverrais à un petit volume publié sous forme de dialogues par un ex-directeur d'affaires arabes. On y verrait avec quel profond mépris il parle des fonctionnaires indigènes ; seulement il a le tort d'oublier d'ajouter que, depuis son chaous Djalloul, dont il plaisante si spirituellement, quoiqu'il en eût fait, par une bizarre contracdiction, une espèce d'Alter-ego, jusqu'au dernier des dix-huit Kaïds de son cercle, ces fonctionnaires étaient tous le fruit de ses œuvres. Cet opuscule dont l'objet parait être uniquement de mettre à nu le caractère des Arabes, devient une révélation singulièrement candide des procédés de domination dont on s'est servi constamment, et prouve qu'en plaçant à la tête des tribus des êtres aussi dépourvus de dignité, nous avions moins en vue un état durable résultant d'une bonne administration, qu'une soumission apparente, quelque perturbation d'ailleurs que dût causer, plus tard, l'effervescence latente des colères comprimées.

En attendant l'heure de pouvoir éclater librement, ce ressentiment sourd a eu souvent l'occasion de s'épancher confidentiellement ; voilà comment, de proche en proche, il est parvenu à se faire partager par tous ceux que lie entre eux une communauté de croyance.

Pour comprendre la possibilité d'une pareille solidarité et la facilité avec laquelle elle a pu s'établir, il faut savoir que si les Arabes n'ont pas d'unité politique, ils ont en revanche une unité religieuse qui relie moralement entre elles toutes les parties éparses de l'Islamisme. L'Afrique, l'Egypte et la Syrie, sont parsemées de corporations religieuses placées sous la bannière de quelques saints célèbres, et à la tête desquelles se trouvent, dans les villes principales, ceux que nous ne pouvons guère classer que sous la dénomination de docteurs de la loi, lesquels sont à la fois chargés d'enseigner dans les mosquées, le droit civil et le droit canoniqne. Ces docteurs sont en correspondance active entre eux, et avec tous ceux qui, sans avoir précisément le même titre, sont jugés propres, par la direction de leurs études ou leur ascétisme, à imposer à la multitude. Dans les temps ordinaires, ou quand les événements n'ont rien de particulier, le sujet de ces correspondances ne traite guère que de questions plus ou moins mystiques de religion ou de morale ; mais, à la moindre inquiétude des esprits, elles deviennent un moyen tout puissant de régulariser les impressions ou les mouvements. La pensée à la fois calme et fougueuse des docteurs des mosquées les plus célèbres, est reçue partout avec une respectueuse soumission, et chacun comprend, à l'énergie des figures dont elle est ornée, qu'elle ne permet aucun compromïs avec les ennemis de la foi. C'est cette pensée se croisant dans tous les sens, portée sous toutes les formes, dè l'Est à l'Ouest, et du Sud au Nord, tantôt rampant dans une phrase à double sens, tantôt éclatant avec une franchise féroce, qui a fait de notre nom le point de mire de tous les anathêmes.

Il n'est pas possible que le seul fait matériel de notre conquête ait entrainé tant de peuples musulmans à nous en vouloir avec un pareil acharnement. Au Maroc, à Tunis, à Tripoli, en Egypte et en Syrie ce n'est pas comme de simples conquérants que nous sommes envisagés, mais comme des fourbes, dont le projet est de substituer lentement leurs mœurs et leurs idées, par conséquent, même un jour leur religion, aux mœurs, aux idées et à la religion des Arabes. Il y a vingt ans, quand nos projets d'administration dans les affaires intérieures des tribus, n'étaient pas encore connus, nous n'étions, chez les autres musulmans, l'objet d'aucune malveillance particulière. Depuis, c'est bien changé, quoique les journaux prétendent que les Egyptiens et les Tunisiens nous estiment beaucoup. J'ai entendu plus d'une fois, au Caire, des enfants et des hommes faire marcher leurs ânes en les appelant d'abord *chiens !* puis *cochons !* puis enfin, en désespoir d'épithètes, *français !*

Ce sont, dira-t-on, quelques exemples isolés qu'on doit toujours s'attendre à trouver chez les Musulmans, et qui ne prouvent rien. Quand on connaît ces peuples-là, on trouve au contraire, que ces exemples prouvent considérablement et mettent même sur la voie des secrets les plus tortueux de la politique. Si un ânier, au Caire, traite son âne de *Français*, c'est qu'il sait que le Pacha d'Égypte ne se gênerait pas davantage ; et voici comment : Dans les états musulmans, surtout en Egypte, les sujets n'ayant aucun droit politique, et pénétrés, du reste, de l'inutilité et même du danger d'exprimer des sentiments qu'on ne leur a pas demandés, les réservent pour le moment où ils apprennent que l'autorité pense comme eux. L'ânier, dont le nom lui-même est une injure, ne se serait pas hasardé à laisser échapper une expression aussi hardie, et, du reste, aussi éloignée de son vocabulaire ordinaire, si elle n'était déjà tombée dans le domaine public, et n'avait pas été, par conséquent, la suite d'une sanction suprême.

J'ajouterai, en passant, que Saïd-Pacha est notre ami à la façon de tous les autres turcs, dont la duplicité diplomatique n'a pas été assez publiée. J'étais à Damas un peu avant la paix de Crimée ; eh bien ! Au lieu de faire l'éloge de la France, comme elle avait le droit de s'y attendre, tous les employés turcs, civils et militaires, depuis le plus élevé jusqu'au plus petit, semblaient prendre à tâche de la rabaisser. Ils nous faisaient passer aux yeux des Arabes, pour de ces faux amis, hargneux et intraitables, qui gênent plutôt qu'ils ne servent. Dans le même temps les Anglais étaient portés aux nues.

Nous ne sommes pas mieux vus à Tunis, quoiqu'en disent les journaux de Paris, et, par une anomalie curieuse, ce sont précisément ceux qui prétendent marcher à la tête du progrès. Ils proclament que le progrès est inséparable de la vérité ; ils devraient donc la rechercher partout, et ne pas accueillir avec tant de complaisance, quand il s'agit de l'Afrique ou de l'Orient, les contes de Peau-d'Ane qu'on leur débite.

Pendant l'année et demie que je suis resté dans cette ville, on m'accordera, je pense, que j'ai pu savoir quelque chose. N'étant pas un grand personnage, on n'avait pas à se grimer devant moi, et il m'a été facile de prendre souvent la nature sur le fait. J'ai vu que le peuple nous y détestait autant qu'au Caire et à Damas ; que tout ce qui tenait de loin ou de près au Gouvernement, depuis les palefreniers jusqu'au Bey inclusivement, partageait le même sentiment ; mais, celui-ci et sa cour, avec des raffinements de savoir-faire, auxquels nos diplomates s'empresseraient de rendre hommage, si leur amour-propre leur permettait de se supposer inférieurs à des barbares.

Le Bey défunt, dont je parle, était un vieux fanatique partagé exclusivement entre les voluptés du Coran et celles de ses *huit cents* femmes, d'autres disent *mille*, et dont l'idée fixe était de placer l'Angleterre entre lui et la France. Sa cour était composée de vieux esclaves grecs et circassiens qui avaient appartenu à son prédécesseur, lequel, par parenthèse, n'avait pas de femmes du tout ; et d'autres esclaves, également grecs et circassiens, mais plus jeunes. C'étaient ceux-ci, les uns affublés en généraux de division, et les autres en généraux de brigade, qui étaient chargés de conduire à heureuse fin son double rôle d'ami dévoué de la France, et d'ami dévoué des Anglais. L'intrigue exigeait moins de complications qu'on ne le croirait de prime abord : elle consistait à aller de temps en temps causer confidentiellement avec chacun des deux Consuls, et à leur assurer d'un air pénétré, que le Bey était tout dévoué à l'Empereur, et tout dévoué à la Reine.

L'un de ces esclaves circassiens, surtout, à la fois général de brigade et président d'une municipalité à constituer sur le pied d'Europe, avait particulièrement la mission de représenter au consulat de France les *goûts civilisés* du Bey et des principaux personnages, ce qui se bornait à porter d'un air dégagé, une tunique, des bottines vernies et des gants beurre-frais. Le

Français, noble et généreux, comme dit la chanson, n'en demande pas davantage ; il lui semblerait du dernier crétinisme, après une manifestation aussi éclatante des simpathies d'un musulman pour nous, de scruter son for intérieur pour s'assurer si tout y est aussi verni que ses bottes et aussi beurre frais que ses gants.

Cependant le même homme ne manquait jamais de faire ses cinq prières par jour, et, comme l'une des prescriptions de l'islamisme est de ne pas être souillé alors par le contact d'une chose impure, il ôtait chaque fois ses habits de chrétien pour les remplacer par des habits du pays.

Au consulat de France, on était persuadé que c'était un de ces philosophes prudents qui croient devoir sacrifier aux préjugés du vulgaire ; il était parvenu probablement à le lui faire entendre par quelques demi-mots qui ont l'air de signifier beaucoup plus qu'ils ne disent, ce qui avait le double avantage de le poser à nos yeux en martyr de son amour pour notre civilisation, et, aux yeux des Musulmans, en soutien inflexible de leur cause. Ce qu'il y a de certain, c'est qu'il nous haïssait cordialement, et il est un de ceux qui m'ont le mieux convaincu que la France n'aurait rien de mieux à faire que de rompre une bonne fois avec toutes ces embrassades d'Iscariote dans lesquelles elle compromet sa grandeur. J'ai passé quarante-cinq jours en tête-à-tête avec lui, à des bains d'eaux sulfureuses situés près de Tunis ; j'ai donc dû connaître sa pensée. Mais ce qui me frappa, c'est qu'il reprochait particulièrement aux Français d'être *faux*.

Je dis que cela me frappa, parce que, malgré toutes nos protestations d'intentions généreuses, c'est le seul jour sous lequel j'aie vu partout les Musulmans nous considérer. Il semblerait que la conquête de l'Algérie devrait nous avoir plutôt acquis une réputation d'hommes violents et injustes ; du tout. Les Musulmans nous auraient pardonné notre conquête, si elle se fût réduite à un fait physique franchement despotique ; ils nous auraient pardonné de leur prendre leur argent, et, à l'occasion, leurs terres, parce que c'eût été conforme à cette loi du plus fort qu'ils comprennent pour eux et par conséquent pour les autres ; mais ils ne nous pardonnent pas d'affecter à leur égard des sentiments fraternels, par lesquels ils sentent que nous cherchons à les dépouiller peu à peu de leur individualité. La grandeur qu'ils conçoivent n'emploie pas de ces petits moyens détournés.

La municipalité récemment décrétée à Tunis, était l'œuvre de la France.

J'ai assisté à la première séance, et au lieu d'entendre les Maures nous rendre grâce du bienfait que nous leur apportions, je ne les ai entendus, comme dans toutes les occasions où leur colère sent la nécessité de se contenir, que pousser des exclamations sourdes, qui annoncent la résignation et l'espoir de la vengeance. Le général de brigade, leur président, ne resta pas en arrière sous ce rapport, et sa manière ambiguë de parler des malheurs du temps et du besoin d'être prudent quand on n'était pas le plus fort, devenait en outre un moyen adroit de réhabiliter le Bey dans l'opinion.

L'établissement d'une bonne institution municipale est sans nul doute très salutaire ; mais chaque peuple ayant sa manière d'entendre ce qui lui convient, je ne comprends pas pourquoi nous tenons tant à vouloir que les Musulmans se constituent sur le même pied que nous, lorsque toutes leurs habitudes physiques et morales sont différentes, et qu'aussi longtemps que le Coran et la Sunna leur serviront de pandectes, il n'existera jamais, entre eux et nous, aucune affinité. Que nous importe que les Tunisiens soient infectés par leurs égouts, et que leurs corporations de marchands et d'artisans, ainsi que leur police, aient conservé le sceau du moyen-âge ? C'est à eux à s'arranger, et nous sommes assez puissants pour les habituer à ne jamais oublier le respect qu'ils nous doivent.

L'Afrique ne peut se transformer utilement pour les européens qu'en devenant européenne, et c'est tristement prodiguer son intelligence et ses forces en sens inverse, que de s'attacher à des mesures qui semblent vouloir fixer les Musulmans au sol.

VIII.

Puisque, jusqu'à présent, tout a été construit en Afrique sur des idées de pénétration dont les résultats matériels et moraux démontrent clairement la faiblesse, il semble rationnel de ne pas s'y entêter et d'essayer si, en pénétrant moins les Arabes, c'est-à-dire en les abandonnant davantage à eux-mêmes, nous n'atteindrions pas mieux notre but. Mais pour cela, et c'est toujours le refrain auquel je suis forcé de revenir, il faudrait rendre à la colonisation son caractère de cause, et ne considérer l'action militaire que comme un effet, ce qui n'empêcherait pas l'armée de jouer un rôle aussi glorieux qu'aujourd'hui, puisque son concours est indispensable, de quelque manière qu'on conçoive la colonie, et aura toujours nécessairement deux objets : celui de la protéger et d'assurer la soumission des tribus à la France.

L'expression de pénétrer les Arabes est une de celles dont la signification a le plus besoin d'être soigneusement définie. On entend généralement par elle une intervention dissolvante dont tous les avantages sont acquis au corps qui intervient ; mais la première condition pour ce corps est de ne pas être susceptible lui-même de l'effet qu'il veut produire. En cherchant à faire avancer à travers la société musulmane des fractions plus ou moins nombreuses de la nôtre, nous la scindons il est vrai, mais en nous scindant nous-mêmes, et en nous exposant, par conséquent, à être engloutis par elle, le cas échéant !

Quant à la pénétration morale indispensable au succès de l'autre, c'est un rêve d'une candeur à désespérer Florian, s'il pouvait revenir. Du reste, quel besoin si grand avons-nous de la sympathie des Arabes pour tant chercher à nous en rapprocher? Si nous éprouvons la nécessité de leur faire la cour, c'est que nous l'avons bien voulu en les rendant dépositaires de la vie et de la fortune des colons : ce seraient eux autrement qui seraient seuls à nous la faire, si nous avions su mieux profiter de leur faiblesse numérique, de leur éparpillement et de la jalousie des tribus entre elles.

La sagesse humaine, dit-on, est de savoir agir conformément aux circonstances et aux lieux ; toutes les fois que cette loi est enfreinte, qu'il soit question d'une prescription de docteur ou d'une mesure politique, il en résulte ce qu'on appelle vulgairement une bêtise. Or, si c'est une bêtise de tuer ses malades avec des *contraires* quand il leur faut des *semblables,* et vice-versa, c'en est une non moins richement caractérisée d'oublier, que, si les Musulmans subissent complètement un jour quelque fascination de notre part, ce sera celle de la force : ils peuvent trembler et se taire ; mais nous aimer, jamais. Que nous importe, après tout ! Est-ce pour briguer leur amour, que nous sommes venus en Afrique ? Du reste, ceux qui veulent que la France ait à sanctifier ses conquêtes en civilisant les vaincus, peuvent dormir tranquilles, car la logique des événements se chargera toute seule de les satisfaire sans que nous nous en mêlions. Seulement, ne soyons pas plus pressés que la Providence et que les Arabes, les principaux intéressés. Les bonnes choses se sentent d'elles-mêmes à la longue, et quand, au Maroc, à Tunis ou ailleurs, on aura compris toute l'importance de savoir fabriquer des canons rayés et de bonne carabines, ils se mettront peut-être à marcher dans la voie du progrès plus vite que nous ne le désirons.

La seule pénétration efficace à accomplir à l'égard des tribus doit donc avoir exclusivement le caractère de la puissance ; elle n'exige ni de recourir à de petites flatteries peu dignes, ni à des sollicitations qui respirent la faiblesse, et par conséquent manquent leur but.

Elle doit consister uniquement à occuper stratégiquement tout l'intérieur, après avoir commencé, par mesure de précaution indispensable, à replier sur des territoires fortement protégés, tous les villages qui tendent à s'allonger indéfiniment, et à des distances d'étapes, le long des routes impériales.

De cette manière tout le plan de l'occupation se diviserait en deux parties parfaitement distinctes ; d'un côté serait la colonisation, appuyée aux principaux centres maritimes ; de l'autre, l'armée solidement installée dans des camps ayant toujours au moins pour un an de vivres. Celle-ci n'aurait à s'occuper de la première que dans la limite de ses attributions naturelles, c'est-à-dire pour lui prêter le secours de son épée et rendre ses abords inattaquables.

On s'est figuré à tort qu'il fallait employer une foule de moyens détournés pour amener les Arabes à se soumettre, et l'on a considéré comme un succès habilement obtenu le demi silence boudeur auquel on en avait réduit un certain nombre. Rien n'a paru plus beau que d'être parvenu à former dans chaque subdivision de petites cours où les chefs que nous avons créés viennent briguer notre sourire ; et l'on a fini par se persuader que ce serait un grand malheur si une politique aussi profonde, basée à la fois sur la puissance de nos armes et les finesses de notre diplomatie, était abandonnée. On a fait honneur aux bureaux Arabes d'avoir dompté ces lions sauvages de l'Atlas et du désert, comme disent nos poètes, et lesdits bureaux se sont modestement inclinés, persuadés également de la grandeur de leur œuvre. Cependant rien n'était plus aisé à dompter, et bien loin d'admirer nos officiers diplomates des résultats qu'ils ont obtenus, on doit s'étonner qu'il puisse y avoir encore autant de rébellions.

Des paysans sont des paysans partout, ont partout les mêmes aspirations et ne visent jamais à isoler leurs actes de leurs besoins. Ils n'aiment pas la guerre pour elle-même, désirent la faire le moins possible et ne la font que quand ils espèrent y trouver un avantage matériel. Leurs besoins moraux, quelque empire qu'ils aient sur eux, n'ont pas le pouvoir de les entraîner au-delà d'une limite fixée par les besoins physiques, et leurs passions religieuses les plus exaltées, ne tiennent pas devant la perspective de la faim. Il n'était donc pas nécessaire de se creuser excessivement le cerveau pour trouver la manière de soumettre les paysans Arabes ; il suffisait tout simplement de les convaincre que leur existence dépendait de leur soumission, et ils n'en eussent plus douté si, à chaque soulèvement d'une tribu ou d'une fraction de tribu, on ne lui eût fait aucun quartier, et qu'on l'eût dépouillée, d'abord de toute sa richesse en blés et en bestiaux, et ensuite de son territoire : ce territoire, toutes les fois qu'il se fût trouvé situé dans un pays plane, aurait offert une excellente occasion d'écarter des montagnes les tribus les plus difficiles à atteindre, en les y appelant moyennant une légère redevance.

On objectera que le droit des gens ne permet pas de dépouiller ainsi des vaincus. Je m'empresse de prévoir et de citer cette objection, parce qu'elle découle naturellement des aphorismes de justice que nous proclamons souvent avec emphase ici. La justice n'est autre chose qu'un raisonnement juste appliqué aux faits ; comme l'une des représentations les plus parfaites de l'intelligence humaine, elle est essentiellement logique ; c'est même à l'enchaînement rigoureusement vrai de ses déductions qu'elle doit le respect universel dont elle est l'objet. Or, qu'est-ce que c'est qu'une conquête ? Un acte juste ou injuste ?

La réponse est plus facile qu'elle ne le paraît, et exige peut-être moins la science de Tribonien et de Merlin de Douai, que du gros bon sens. Ce gros bon sens, sans chercher à savoir comment Justinien définit le droit, commence par établir que les lois ne doivent être que l'expression des convenances du plus grand nombre. C'est conforme à ce que la physique, la chimie et l'astronomie nous apprennent de l'harmonie de tous les corps, dont la tendance constante est d'asservir l'individu au groupe et le groupe à l'ensemble. Les lois d'une société peuvent donc s'apprécier sans difficulté ; et elles sont justes ou injustes selon qu'elles satisfont plus ou moins aux convenances générales.

Ce sont donc aussi des convenances qui sont appelées à régler les rapports des sociétés entre elles ; la même harmonie universelle qui porte les individus à s'agglomérer, y porte aussi les masses ; dès l'instant qu'elles ont commencé à graviter ensemble, elles subissent la loi de tous les groupes, et il se forme également pour elles une jurisprudence de droits et de devoirs. L'Europe se trouve dans ce cas ; voilà pourquoi on y est arrivé à ne pas distinguer entre la justice des hommes et la justice des peuples, et que la consécration d'un droit international, y a pris le caractère du droit ordinaire.

Une conquête brutale exercée en Europe par une puissance chrétienne, soulèverait une réprobation unanime, parce que la loi *du mien et du tien* devient aussi obligatoire entre des États dont tous les intérêts se confondent, qu'entre les individus.

Il n'existe donc pas plus de droit public absolu, qu'il n'existe de droit privé absolu. Le droit public suppose des nations éprouvant les mêmes besoins, et placées dans des conditions à s'entendre, comme le droit des individus suppose une existence en commun ; par conséquent, toute nation qui diffère des nations chrétiennes, par la religion, les idées, les lois et les mœurs, est évidemment en dehors de leur droit public.

S'il est donc vrai que nous ayons eu le droit de conquérir Alger et les autres villes du littoral, nous sommes mal venus à faire du scrupule, lorsqu'il s'agit d'actes qui n'en sont qu'une continuation.

Les Arabes ne sont que ce que nous les avons faits. Pourquoi pendant près de trente ans, avons-nous été forcés de leur

livrer tant de combats sanglants ? Chaque bulletin de nos victoi-
res l'explique clairement sans qu'on s'en soit aperçu ; après
avoir décrit les fatigues de nos soldats, et compté les morts et
les blessés, il ajoute invariablement le même refrain : *Enfin les
Arabes demandèrent l'Aman*. Cet Aman accordé, nous nous
en retournons, et tout est dit. Nous avons bien brûlé il est vrai,
quelques mauvaises masures, et pris quelques têtes de bétail,
mais il eût mieux valu encore ne rien brûler du tout, et ne rien
prendre, car cela devient une nouvelle cause de haine ; on ne nous
tient pas compte de ce qui a été conservé, mais on nous en veut
amèrement de ce qui a été perdu. Leurs traditions sur le prix
du sang ne leur permet pas d'oublier que celui de leurs proches
a coulé, et que c'est une dette qu'ils sont tenus de faire acquit-
ter un peu plus tôt, un peu plus tard. Ils attendent un moment
propice, et quand ils le croient venu, ils recommencent, sachant d'avance qu'ils en seront quittes pour demander l'Aman.

Les demi-mesures ne valent jamais rien ; elles sont toujours
un signe d'impuissance, et, par conséquent, souverainement im-
propres à se concilier le respect d'un peuple barbare, pour qui
la force est le principal attribut de Dieu ; au lieu de le calmer,
elles l'irritent en lui donnant une plus haute opinion de lui-
même.

IX.

Le 17 septembre sera un de ces jours dont on garde longtemps le souvenir ; la confiance que chacun met dans la prudence et la fermeté de Votre Majesté, le fait considérer comme

le commencement d'un ère nouvelle. Si un pays ne peut ê
bien connu que chez lui, c'est surtout l'Afrique ; ce n'est qu'
la touchant de l'œil qu'on peut parvenir à la comprendre te
qu'elle est. Cependant elle a tellement été idéalisée, qu'il
difficile de se soustraire de suite à certaines impressions tou
faites qu'on y apporte souvent avec soi, et dont la plus sing
lière est d'éprouver moins de sympathie pour le colon que po
l'Arabe. Toutes les admirations sont pour ce dernier ; il seml
impossible qu'un homme aussi bien drapé dans son bournoi
dont le front est ceint d'une corde en poils de chameaux, et (
porte son fusil en travers sur sa selle, ne soit pas infinime
bien doué. Il est vrai que nos pious-pious ne sont pas plus dr
pés que le colon, ce qui ne les a pas empêchés de battre,.
Italie et en Crimée, des gens plus redoutables que les africain
mais nos pious-pious sont des représentants de la vale
nationale et l'amour de la ligne ne va pas encore chez no
jusqu'à effacer l'amour de la patrie.

Le colon s'empressera aussi de venir prendre sa part de
fête ; mais, comme toujours, en y dissimulant timidement s
pantalon étriqué et sa blouse : l'Arabe, au contraire, y joui
de tous les honneurs du premier plan, et possédera, avec l
arcs de triomphe et les mats de cocagne, le privilége de co
courir à l'ornementation. Si des artistes et des feuilletonist
nourris des mille et une nuits dans leur jeunesse, ont voué u
espèce de respect fantastique à tout ce qui rappelle Ali-Bab
et croient équitable d'en vouloir au colon du prosaïme de
casquette, Votre Majesté saura rendre à chacun ce qui lui e
dû, et ne pas prendre pour autre chose qu'elles ne sont, l
scènes de cirque olympique par lesquelles les Arabes aime
à se distinguer.

ALGER. — IMPRIMERIE DUCLAUX, rue du Commerce.